MW01280060

1

Unit Conversion Tables

Linear Measure

1 inch	= 25.4 millimeters	1 millimeter	= 0.039 inch
1 foot = 12 inches	= 0.3048 meter	1 centimeter = 10 mm	= 0.394 inch
1 yard = 3 feet	= 0.9144 meter	1 decimeter = 10 cm	= 3.94 inches
1 (statute) mile = 1,760 yards	= 1.609 kilometers	1 meter = 100 cm	= 1.094 yards
		1 kilometer = 1,000 m	= 0.6214 mile

Square Measure

1 square inch	= 6.45 sq. centimeters
1 square foot = 144 sq. inches	= 9.29 sq. decimeters
1 square yard = 9 sq. feet	= 0.836 sq. meter
1 acre = 4,840 sq. yards	= 0.405 hectare
1 square mile = 640 acres	= 259 hectares

Capacity (American Liquid)

1 pint = 16 fluid ounces	= 0.473 liter
1 quart = 2 pints	= 0.946 liter
1 gallon = 4 quarts	= 3.785 liters

Weight

1 pound = 16 ounces	= 0.4536 kilogram	1 kilogram = 1,000 grams	= 2.205 pounds
1 stone = 14 pounds	= 6.35 kilograms	1 tonne (metric) = 1,000 kilograms	= 0.984 (long) ton
1 quarter = 2 stones	= 12.70 kilograms		
1 hundredweight = 4 quarters	= 50.8 kilograms		
1 (long) ton = 20 hundredweight	= 1.016 tonnes		
1 short ton = 2,000 pounds	= 0.907 tonne		

Made in the USA
Lexington, KY
31 March 2018